U0319509

满怀期待的一天终于到来了。

由两人共同精心准备的，

既令人激动兴奋又无比幸福的

美好婚礼即将开始。

与生命中最重要的另一半

一起度过这无比重要的时刻，

在鲜花的映衬下展现幸福的笑容。

Welcome & Thank you !

婚礼现场的每一个角落，每一个细微之处，

都是在充分考虑新人喜好的基础上布置和装饰的。

穿上华美的婚纱，

盘起高贵典雅的发型，

佩藏好精致的耳坠，

婚礼即将开始。

婚礼现场的装饰鲜花

能够勾起人们美好的回忆。

为了让宾客能更加惬意与舒适，

选用了休闲风格的餐桌及餐巾。

婚礼是两个人新生活的起点，

饱含着感激之情和美好的回忆。

人生中最幸福的一天即将开始……

It's the start of our

Wedding reception!

Lis blanc, rose, pâquerette,

narcisse et tulipe…

Grand-maman, c'est quoi,

cette fleur ?

氛围感婚礼

场景布置与 新娘装扮 美学指南

（日）内海和佳子 著

刘琳 译

化学工业出版社

·北京·

北京市版权局著作权合同登记号：01-2023-0259

图书在版编目（ＣＩＰ）数据

氛围感婚礼：场景布置与新娘装扮美学指南 /
（日）内海和佳子著；刘琳译. — 北京 ： 化学工业出版社，
2023.6
　书名原文：Cinema Wedding
　ISBN 978-7-122-43071-7

　Ⅰ.①氛… Ⅱ.①内… ②刘… Ⅲ.①结婚-礼仪-指南 Ⅳ.
①K891.22-62

中国版本图书馆CIP数据核字(2023)第041744号

装帧设计 室田征臣、室田彩乃（oto）
人物造型和餐桌布置 内海和佳子
摄影 内海和佳子、中西裕人（封面勒口作者照片、文前第2页~文前第15页、3页、6页、49页、52～69页、
76页图1、79页、89页、96页、97页、113页、123页中除狗之外的图片）
编辑 十川雅子、内藤孝治（诚文堂新光社）、降旗千夏子（诚文堂新光社）
模特 Ishtar CW.（AVOCADO）
发型与化妆 小久保小圆（株式会社 Blau 形象设计）
摄影协助 Crescendo Produce、Felice Garden HIBIYA（日比谷 Felice 公元）

本书中所登载的内容（包括文字、图片、作品、图表等）未经著作权人许可严禁摘录、转载等商业用途的使用。

责任编辑：林　俐　刘晓婷　　　　　　　　　　　装帧设计：骁毅文化
责任校对：宋　玮

出版发行：化学工业出版社（北京市东城区青年湖南街13号 邮政编码100011）
印　　装：北京瑞禾彩色印刷有限公司
880mm×1230mm 1/32　印张 4 ½　字数 150千字　2023年5月北京第1版第1次印刷

购书咨询：010-64518888　　售后服务：010-64518899
网　　址：http://www.cip.com.cn
凡购买本书，如有缺损质量问题，本社销售中心负责调换。

定　　价：59.80元　　　　　　　　　　　　　　　版权所有　违者必究

前 言
PREFACE

作为婚礼策划师与花艺师，

我每天都需要与新郎新娘们沟通协调婚礼细节。

我也从与新婚夫妇的交谈中，

听到了各种各样有趣的恋爱故事。

他们有的是在海外相识，

有的具有共同的户外爱好，

比如野营、BBQ（户外烧烤）、登山、看海等，

还有关于最喜欢的电影，关于宠物等的小趣闻。

每一对夫妻都有很多属于两个人的独特回忆，

以及共同经历的美好时光。

认真听取每一对新人的恋爱经历，观看记录美好恋爱时光的影像之后，

我会先确定婚礼的主题和色调，

然后将新人喜欢的要素添加到婚礼中，

为二人打造一场专属的唯美婚礼。

本书包含了大量我曾经策划的婚礼提案，

可以帮助你将想象变成现实，

在如同电影般的婚礼场景中，

开启两人相伴而行的浪漫人生之旅。

目 录
CONTENTS

第1章

Chapter 1

不同风格婚礼的场景布置

Various Wedding Ceremonies

婚礼的风格多种多样，

有传统的古典风格，

也有自然大方的 BOHO 风格，

更有融入了不同季节美感的季节婚礼等。

不论哪种风格的婚礼，

都要体现出两个人的独特个性，

同时营造出幸福洋溢的感觉。

本章将通过婚礼场景策划实例

帮助大家打造一场别出心裁的唯美婚礼。

CIN

Traditional classical style,
Natural BOHO style and
Wedding ceremonies
incorporating seasonal beauty
and images,
There are various wedding
styles.
Individually, fun, impressively.
I propose a nice style through an
example.
I hope you find the ideal
wedding style.

BOHO 婚礼
BOHO WEDDING

BOHO 风格是

波希米亚风格（Bohemian）和 SOHO 风格（起源并得名于美国纽约苏豪区）的混合，

兼具波希米亚风格的自然随性和 SOHO 风格的典雅精致。

上图是添加了波希米亚风格的代表元素羽毛制成的时尚婚礼手捧花，

特别适合搭配有蕾丝或流苏装饰的飘逸婚纱。

配色 ⬤ ⬤ ⬤ ⬤ ⬤

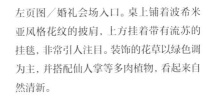

左页图／婚礼会场入口。桌上铺着波希米亚风格花纹的披肩，上方挂着带有流苏的挂毯，非常引人注目。装饰的花草以绿色调为主，并搭配仙人掌等多肉植物，看起来自然清新。

图1／婚礼蛋糕外形独特，是用饼状的黄油蛋糕搭配蓝莓果酱制成。

图2／在花朵之间装饰羽毛，打造极具BOHO风格的婚礼。春季的花毛茛、欧洲银莲花十分美丽动人。

图3／餐巾上装饰着具有怀旧感的英文书内页纹样的包装纸、羽毛和多肉植物。

配色 ●●●●●

3

上页图／新娘的姐姐用卡纸亲手制作的婚礼卡片，并搭配气味清新的尤加利枝条作为装饰。

图1／与婚礼风格十分契合的曲奇饼干是新娘亲自预定的。

图2／婚礼现场的装饰花卉选用粉紫色系，成为婚礼绚烂的点缀。

图3／新娘亲手编织的挂毯和捕梦网，以及两位新人精心挑选的沙发罩也与其他装饰搭配得十分和谐。

配色

2

古典婚礼
CLASSIC WEDDING

古典婚礼高雅且有品位，一直以来深受新人们的青睐。

选择优美的鱼尾型婚纱更能衬托新娘的典雅和高贵。

婚纱是露背设计，但增加了蕾丝装饰，增添了婚纱的时尚感，

同时也为穿上这款婚纱的新娘增添女性特有的柔美气质。

白色的芍药与青紫色的绣球花与这款婚纱十分相配，使新娘更具魅力。

配色 ●○●

婚纱 / PRONOVIAS

图1／可以插入西装上衣口袋中的胸花是新郎新娘送给男宾的礼物。

图2／席位卡为灰银配色，样式雅致。

图3／穿上新鞋的两人将共同迈向新的旅途，这也是会留存于两人美好回忆中的一双鞋。

下页图／暮色降临，烛光随风摇曳，伴随着手风琴演奏的美妙乐曲，婚礼开始了。婚礼会场的花艺装饰主要选用色调清雅且姿态优美的花材。

婚宴上使用的盘子带有金色
的花纹，因此婚礼卡片也选
择了金色文字的。餐具与婚
礼卡片的设计风格和色调统
一，整体显得更加雅致且有
品位。

3

自然婚礼

NATURAL WEDDING

自然婚礼一般设在宽阔且充满自然气息的户外。

可以用充满自然感的装饰品营造轻松惬意的婚礼氛围，

或者将应季花草随性插入小玻璃瓶里作为装饰。

轻便的婚纱搭配舒适的运动鞋最适合自然婚礼，

换装时推荐帽子、牛仔裤，以及格子样式的休闲服装。

婚礼现场设置在充满自然气息的地方，所有物品都采用较为柔和
的色调，并进行精心的搭配。新郎新娘都很喜欢戴帽子，因此将
两人的帽子展示在迎接客人的迎宾室里。装饰婚礼现场的花材以
白色和米粉色等柔和的色调为主。

配色

图1/餐巾是白色的，叶片形状的菜单非常契合自然风格的婚礼。

图2/婚礼蛋糕上装饰了巧克力酱、浆果和鲜花。蛋糕不需要两位新人切开，而是由两人一起在蛋糕上撒糖粉。这是一项需要两人共同完成的任务，象征着给即将到来的新生活"加点甜"。

左页图/新郎新娘非常喜欢大自然，他们希望来参加婚礼的宾客也能够享受到树木带来的温厚质感，感受到被鲜花围绕的氛围。木制餐桌上铺着亚麻质地的桌旗。

配色

1 2

图1／另一种菜单的颜色是色调稍暗的浅棕色，与位于餐桌中央的木制花台颜色相近。这样的颜色搭配会使婚宴现场更具统一感。

图2／用各式各样的小瓶花营造轻松愉快的氛围。将新人喜欢的花草插入精心收集来的小玻璃瓶中，向宾客们展示新郎新娘的品位和个性。

右页图／春季花草与菜单上的植物元素相呼应。白色的餐桌上铺着亚麻质地的长方形桌旗，烟绿色的餐巾与菜单的颜色搭配和谐。席位卡上的满天星是送给客人们的礼物。前来参加婚礼的男士们可以把花插在西装胸前的口袋里，女士们可以把花别在头发上或手提包上，拍照的时候这些小花可以为宾客们增光添彩。

配色

4

季节感婚礼
FOUR SEASONS WEDDING

季节感婚礼突出展现婚礼举办时不同的季节感。

打造季节感婚礼的关键是要选择当季的花材，

春季可选择的花材有樱花和薰衣草，夏季有向日葵和姜荷花，

秋季有大丽花和波斯菊，冬季有银莲花等。

不仅是鲜花，贝壳、树枝、季节主题色的装饰小物等都可以成为婚礼上的装饰。

宾客们可以穿上休闲舒适的衣服一起在户外烧烤，尽情享受四季。

此后，每年的这个季节都会勾起人们对这场婚礼的美好回忆。

接下来一起享受带有不同季节特点的婚礼吧。

春季婚礼

春季主要选择三色堇装饰婚礼会场。

三色堇是用来装点婚礼会场以及制作新娘手捧花的首选花材。
婚礼蛋糕也要追求季节性的美感，
采用食用花卉装饰，使其色、香、味俱全。
整个婚礼现场都洋溢着生机勃勃的春季氛围。

穿婚纱的新娘如果觉得有点儿冷，可以披上一件牛仔外套，
三色堇的花色与牛仔外套的颜色相互映衬，具有绝佳的视觉效果。

配色

※ 三色堇是营养价
值很高的可食用花卉

图1、2/婚礼蛋糕和会场以新人喜欢的紫色为主色调。

右页图/装有永生花的礼盒是送给父母的礼物。花束的颜色与整个婚礼会场的色调及氛围十分协调。在婚礼上送父母一份礼物表达新人对父母的感激之情，是非常有意义的做法。

夏季婚礼

如果婚礼是在夏季举行，最适合新娘的花材就是向日葵了。
色彩搭配上建议以明亮的黄色为主色，再点缀其他颜色作为强调色。

这束富有盛夏气息的向日葵手捧花，新娘非常喜欢。
与这束花相搭配，婚礼会场的布置与装饰也充满了夏季的气息。
新娘的发饰选用了多肉植物造型的人造花，
解决了炎热的夏季鲜切花容易失水萎蔫的难题。
宾客们的着装建议休闲一些，
这样，可以打造出与传统婚宴大不相同的随性氛围，
能给夏日婚礼增添不少乐趣。

配色 ●●●●

这束充满夏日气息的手捧花
以向日葵为主角，搭配绣球
花、蓝盆花、巧克力波斯菊、
铁线莲等花材。

夏季主题婚礼的装饰以蓝色为主色调会给人带来大海的清凉感。可以用新娘喜欢的绣球花打造一场花瓣雨。

图1、2/花材不仅可以用来装饰婚礼会场,也能用来装点餐具,或者洒落在桌布上装饰餐桌。

图3/送给伴娘的小花束。

图4/这场婚礼伴娘的着装是绿色调的裙子。

配色

秋季婚礼

使用绣球花、娜丽花、巧克力波斯菊等秋季花材打造出
时尚别致的季节感。
在饼干上点缀奶油干酪、干果和蜂蜜，
再搭配一杯热姜汁汽水，尽情享受秋季的花园氛围。
用剩余的花材给新人可爱的小狗制作了一顶小花环。

配 色

Winter wedding
冬季婚礼

白色让人们联想到雪花，
最适合作为冬季婚礼的主题色。
花朵从苔藓的缝隙中溢出，
宛如白雪间的新芽般可爱。

新郎新娘将以白色的婚礼为起点，
共同创造色彩缤纷的生活，
这就是冬季纯白色婚礼的魅力。

配色 ○ ○ ●

主题婚礼
A THEME WEDDING

选择一件心爱的或有纪念意义的物品或元素

作为主题来筹备婚礼也是非常不错的主意。

比如两人相遇的地方盛开的花朵、新娘喜爱的颜色、

两个人都很喜欢的时尚物品等，都可以作为婚礼的主题，

由此打造一场与众不同的婚礼。

具有独特主题的婚礼会更有话题，准备的过程也很有趣。

039

Lavender wedding
薰衣草婚礼

这场婚礼以薰衣草为主题，装饰品多为手工制品。
婚礼会场入口处的迎宾牌和桌牌是新娘亲手制作的刺绣品，
宾客的席位卡上点缀着薰衣草干花。
布置婚礼会场时几乎所有的装饰品中都添加了薰衣草，
让宾客们置身在薰衣草的花海。

配色

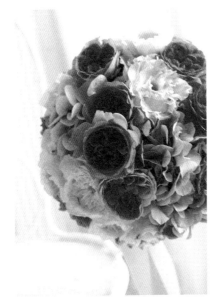

Rose wedding

玫瑰婚礼

新娘很喜欢玫瑰的香气，
因此打造了这场香气迷人的玫瑰婚礼。

使用的玫瑰是圆形的'伊芙伯爵'玫瑰。
花束中添加了烟灰色调的绣球花，
整体显得雅致而高级，不会过于艳丽。

新娘头上的鲜花发饰是用
三角梅和绣球花制作而成的。
在花园里支起用餐的帐篷，
将玫瑰悬挂在帐篷中，
用玫瑰甜美迷人的芬芳欢迎出席婚礼的宾客。

配色

牛仔婚礼

这是为喜欢牛仔服饰的新郎新娘精心布置的婚礼会场。

餐桌上摆满了五颜六色的夏季鲜花。
新娘身穿飘逸的婚纱，手捧由黄栌和蓝紫色鲜花组成的花束。
新郎的蓝色衬衫和新娘的蓝紫色手捧花相得益彰。

菜单上装饰着粉色的小花，
下方是粉色的餐巾，十分协调美丽。
这些充满活力的装饰非常适合初夏时节在花园里举行的婚礼。

配色

婚纱 / TUTU

Asian wedding
东方婚礼

婚礼会场选用东方风格的餐具和灯具。
点心是添加了黑樱桃和橘子皮的焦糖布丁，
以及全麦核桃脆饼和咖啡等。

餐盘上摆放着石榴和葡萄等水果，寓意多子多福。
装点婚礼会场的花材有颜色鲜红的大丽花，
以及绣球花、鸡冠花、马蹄莲等。
棕色的桌布搭配柔和的驼色餐巾，
餐巾旁边的空气凤梨和精致的小玻璃瓶
是送给每一位宾客的礼物。
印有红色文字的菜单
与装点婚礼会场的花朵非常协调。

这场极具东方风格的婚礼，
营造了如同度假一般的悠闲氛围。

配色

第 2 章

Chapter 2

新娘的装扮

Coordinate Idea
for a Bride

婚纱、配饰、手捧花、发型……

都是打造完美新娘不可或缺的要素。

而且关键是要将所有要素完美地搭配在一起。

因此需要从大量可供选择的物品中

挑选出最适合新娘的款式。

希望本章内容能为大家提供一些有价值的参考。

CINEM

1 DRESS STYLE

Separate dress
A exquisite train

2 HAIR STYLE IDE

Flower Crown
Natural Chiffon
Fresh Flower
Dry Flower
fresh & dry
Shellfish &
Preserved Flower
Air Plants
Flower
Dry Flower ×
Preserved Flower ×
Feather

3 NAIL FOR WED

4 ACCESSORIES

5 WEDDING SH

6 A BOUQUET

Fresh flower
Dry flower

Hairstyles, wedding dress
bouquets ……
In order to be a wonderfu
it is all essential elements
Points should be arra
balanced manner.
To select myself for you
I would be happy if you

WEDDING

婚纱 / anela

婚纱、婚鞋 / PRONOVIAS

1

婚纱款式

Dress style

每一个女孩都会对婚纱充满憧憬！

婚礼是人生中的重要时刻，

因此婚纱一定要挑选最喜欢的。

婚纱的设计风格及款式多种多样，

下面向大家推荐能够让新娘看起来更迷人、更有魅力的款式。

分体婚纱
Separate Dress

分体婚纱的上衣和裙子是分开的两件套，非常适合自然风格的婚礼。新娘伫立在绿意盎然的大自然中，优美的身姿仿佛森林中的仙子一般。这款婚纱能够凸显出新娘不加修饰的天然美感。如果再佩戴一个花环，就更加可爱动人了。

婚纱 / FOUR SIS & CO.
这款婚纱为欧洲进口，蕾丝面料上带有精美的刺绣，并点缀手工缝制的珠饰，既有古典韵味又十分俏皮可爱。

拖尾婚纱
Exquisite Train

裙摆是婚纱看起来是否优雅大方的关键。挑选婚纱时可以先确定适合的裙摆长度，长裙摆会显得较为奢华。纤长而优美的下摆能使新娘的身材显得更加曼妙多姿。婚纱所用面料的质地，比如柔软度、蓬松度等，也会影响婚纱的质感。

这款婚纱来自西班牙，精妙之处在于深 V 领口的造型和质感极佳的蕾丝。裙子部分采用雪纺材质，当微风吹来，就可以感受到它的柔软与飘逸。

婚纱 / PRONOVIAS

上图为54页和55页中婚纱的背部造型，V字形背部设计更能突显出新娘的魅力。

The back view

后背图

当新娘步入婚礼会场或漫步在会场时，她的背影也会进入宾客们的视野，因此婚纱背部的设计也很关键。身穿背部具有设计感的婚纱，能更好地衬托新娘的优雅与美丽。露背设计的衣服日常生活中很少穿，婚礼上选择露背婚纱也许会带来一种全新的体验。

这款婚纱来自西班牙，设计简
单大方又不失奢华感，亮点是
背部的镂空设计，以及蕾丝的
精巧运用。蕾丝采用双层结构，
在一层蕾丝的下方又添加了一
层更薄、更透的蕾丝。

婚纱 / PRONOVIAS

2

Hair style idea

新娘发型

选好心仪的婚纱后，

接下来就要确定发型和挑选发饰了。

发型和发饰要结合婚纱的风格和婚礼的主题进行搭配。

可以与造型师、发型师一起寻找适合自己的风格。

Flower Crown

花环发饰

用干花或永生花制作的花环发饰，既能增添浪漫情调又能打造新娘的少女感，戴上花环的新娘如同仙子一般超凡脱俗。比起整齐服帖的发型，蓬松飘逸的发型更合适佩戴花环。根据发质将头发稍微卷一下，打造出自然的感觉。蓬松的发型也更适合轻松自如的婚礼氛围。

Natural
Chiffon
空气感盘发

这款盘发搭配精美的发饰，给人一种高雅且清爽自然的印象。剪短刘海，再穿上精致的蕾丝婚纱，使新娘更加美丽动人。此外，还需挑选与发饰相搭配的耳饰，使整体造型更加优雅大方。经过以上这些装扮后，完美的新娘造型就完成了。

发饰 / PRONOVIAS
耳环 / 参考商品

Fresh
Flower

鲜花发饰

佩戴鲜花发饰时可以改变一下发型,不过即使是与上一页图片中的发型相同,换成鲜花发饰后给人的印象也会大不相同。尝试用鲜花发饰改变一下风格吧。

将头发扎成蓬松的低马尾辫。作为发饰的并不是花环，而是将鲜花一朵一朵地插在头发上。

Dry
Flower

干花发饰

将长发梳成蓬松的马尾辫，搭配质朴的干花，打造随性飘逸又柔和的发型。

Fresh +
Dry Flower

**干花与鲜花
的组合发饰**

将刘海向上梳起露出额头，后面的头发梳成蓬松的丸子头，两边没有梳起来
的碎发会随风飘动。推荐佩戴像绒球一样的千日红作为发饰。

Shellfish +
Preserved
Flower

贝壳与永生花
的组合发饰

将头发编成较为松散的长辫，这个发型与小麦色的皮肤非常相配。将贝壳、海星点缀在辫子上，并搭配蓝色的永生花。

Air
Plants

空气凤梨
发饰

将头发偏向一侧编成蓬松的三股辫,同时将空气凤梨也编入发辫中。这个发型看起来发量充足,蓬松且有质感。

Dry Flower +
Preserved
Flower +
Feather

干花、永生花和
羽毛的组合发饰

将长发向上梳起，整理成齐颈短发。配合丝带的颜色，新娘画了酒红色的眼
线。这款波希米亚风格的发饰最引人注目的就是羽毛。

3

新娘美甲

Nail for wedding

准备婚礼的过程中，

有的人会忽略修饰指甲，

其实美甲非常关键。

婚礼上，新婚夫妇需要摘下手套交换戒指，

而且在自然风格的婚礼中通常不需要佩戴手套，

此外，还有很多场合需要露出手指。

因此手指的修饰同样需要精心设计。

在白色或透明底色上点缀花朵图案和金色装饰，既不会太过华丽成熟，也不会太过稚气。每一个指甲的图案都不一样，非常新奇有趣。花朵图案可以从喜欢的花或诞生花中选择，无论选择什么花，拥有这样的美甲都是令人快乐的。

将指甲修饰得十分漂亮，心情也会随之变得更加愉悦。
修饰的方法很多，比如装点珍珠、点缀干花、
使用闪粉让指甲看起来闪闪发光……
根据订婚戒指的式样来进行修饰也是不错的方法。

图1/结合婚礼主题选择BOHO风格的美甲。美甲设计中加入了捕梦网图案和金色装饰，看起来更加灵动且充满活力。

图2/可以在指甲上加入金色装饰，使指甲显得十分华丽。而指甲油的颜色可以选择淡粉色或米色等，看起来更加清爽。

图3/手捧花选择了新娘最喜欢的满天星，与之相搭配，新娘的美甲也用了同样的花朵图案和配色。

样式高雅大方的头饰和项链。

4

新娘配饰

Accessories

使新娘更加光彩夺目的配饰也是必不可少的，

项链、耳饰、手镯等可以为新娘增添魅力。

通常需要根据婚纱款式选择与之相配的首饰，

但也有一些例外，比如想在婚礼上佩戴母亲赠送的重要首饰等，

这时就需要根据首饰选择合适的婚纱。

项链上镶嵌着闪闪发光的宝石，也可以作为装饰腰带使用。左页和本页的首饰都来自FOUR SIS＆CO。

一双美丽的婚鞋能给我们带来

迈向新生活的欢欣和勇气，

请一定要精心挑选一双值得珍藏的婚鞋。

我们需要这样一双婚鞋，

只在重要的时刻，需要全力装扮自己时，

你才会舍得穿它。

这是纪念站在人生新起跑线上的一双鞋子。

5

婚鞋

Wedding shoes

1 2

图1/这是一双标准的白色高跟鞋。鞋子上的蝴蝶结是可以取下来的，样式既可以简单大方，也可以活泼可爱，是一双非常完美的婚鞋。

图2/在休闲风格的婚礼上，好看的凉鞋也非常符合婚礼的氛围。图中的这双凉鞋上点缀着闪闪发光的亮钻，显得十分华丽。

这双婚鞋设计优雅，透明鞋
面上点缀着闪闪发光的亮
钻，极具女性魅力，非常适
合华丽高雅的场合。

婚鞋/PRONOVIAS

A bouquet

6

手捧花

婚礼上，新娘通常是手捧着一大束鲜花缓缓走向婚礼会场。

因此婚礼上的这束手捧花，不仅花色、花型非常重要，

花香以及拿在手中的质感等，都会深深地留存在新娘的记忆中。

即使婚礼结束后，

每当看到花束时也总是会想起婚礼时的那束手捧花，

有时仅仅是闻到了同样的花香，

那段快乐美好的回忆就会浮现在脑海中，

这束手捧花就如同一个时间胶囊。

因此手捧花使用的花材是非常关键的，需要仔细挑选。

如今可供选择的花材范围越来越大，不再局限于鲜花，干花、永生花也可以使用。

如果注重花材的香气，推荐使用鲜花，

如果想将这束花长久地保存下来，推荐使用干花，可根据具体需求进行选择。

Fresh Flower
鲜花手捧花

提到婚礼手捧花的花材，首选当然是鲜花！将应季的鲜花制成花束，呈现出只有在当季才能见到的奢华美感，能很好地增加新娘的魅力。鲜花的优点在于具有生命力，气味芬芳，质感自然等。

婚礼手捧花并不限于白色的花束，也推荐选用象征幸福的"Something Blue"花束（西方婚礼风俗，婚礼上新娘要使用一些蓝色的物品），这类花束中要加入蓝色的花材。右侧图片中富有大自然气息的花束是由白色的马蹄莲、玫瑰，以及淡蓝色的绣球花等花材组成的。"champêtre"在法语中的意思是"田园风格"，图中的花束看上去如同是在田野间采摘的花朵，大量的绿色叶材也带给人恬静舒适的感觉。这束花的颜色和外形都很柔和，和新娘的蕾丝婚纱也十分协调。

可以先确定要选用什么花材,再根据花色或花朵形态决定手捧花的样式。不同花色或花朵形态带给人的印象会完全不同。推荐使用应季的鲜花,然后让花艺师帮助你完成一束完美的手捧花。

Wedding ceremony

图1/由白玫瑰和巧克力波斯菊等春季花材组成的手捧花。

图2/由花毛茛和大量尤加利枝条组成的田园风格手捧花。

图3/芍药花的香气甜美迷人。

右页图/珊瑚色的芍药娇媚可爱,这是只有初夏才有的奢华花束。

除了草花，也可以用枝材制作手捧花。要结合婚纱的样式选择合适的手捧花。

这束花以欧丁香和风信子为主，香气浓郁，能够完美地体现出晚春景致。甜美的香气会深深地留在人们的记忆中。

这束手捧花姿态轻盈优美，
是结合婚纱柔软飘逸的特征
设计制作的。手捧花以蓝紫
色花材为主，打造出蓝色幻
想曲的氛围。

婚纱 / TUTU

干花可用于室内装饰，质朴的风格受到人们的喜爱。用干花制成的花束很轻，婚礼后也可用于日常装饰。但是干花脆弱易损坏，最好由专业的花艺师设计制作。

图1／这束花由暗色调的花材组成。蓝刺头的外形酷似圆圆的绒球，十分可爱。

图2／加入鲜亮的橙色花材，给人一种充满朝气的印象。

图3／果实非常容易干燥，即便使用新鲜的果实，也会慢慢变得干燥。

右页图／浪漫的白色花束。主要花材是绵毛水苏和澳洲米花，加入少量的羽毛作为装饰。

Congratulations!!

上页图／由薰衣草和满天星组成的复古风格
花束，与新郎插在礼服口袋中的胸花相呼应。

上图／婚礼上也可以选择提篮式干花手捧
花，轻巧便携。

第3章

婚礼会场物品的准备

Prepare for the Wedding

婚礼中使用的物品，

比如新娘头上的花环、结婚戒指、婚礼蛋糕等，

都寄托着希望新婚夫妇永远幸福的祝福和心愿。

新婚二人向对方介绍

各自珍重的朋友和家人，

并且用最真诚的笑容热情地招待他们。

这一天，他们一起迎来人生中重要的时刻……

CINE

1 MUST-HAV

marriage rings
ring pillow
welcome trunk
welcome board
paper items
wedding cakes

2 DESSERT

roasted apple
dried fruit and dried frui
homemade french toast
edible flowers
fruit tea

3 RE-USE OF WEDDING FLOWERS

The wedding items are packed
feelings and stories that two peopl
to be happy.
I would like to invite my precious fri
and family and have a happy time
everyone.
A moment when such thought makes

$\mathbb{1}$

婚礼会场
必备物件

MARRIAGE RINGS　婚戒

据说作为结婚信物的结婚戒指起源于9世纪的欧洲。那么久远的时代就已经出现了结婚戒指，是不是觉得非常浪漫？婚礼上，婚戒作为新婚夫妇互换的信物，一般是戴在无名指上。关于结婚戒指的浪漫故事有很多。圆圆的戒指象征着永恒的爱情、交替往复的四季、盈亏圆缺的月亮等。

正是因为婚戒有这些特别的含义，所以才成为婚礼中不可或缺的元素。上图中将结婚戒指放在鲜花环绕的戒枕上，使戒指显得更加美丽、更加特别。右页图中的戒指是挂在多肉植物上，婚礼结束后多肉植物可以继续栽培。

这是用旧英文书制作的戒枕。挑选一本喜欢的书籍，在中间部分裁剪出一个放置戒指的凹槽，然后装饰喜欢的花材，一个别出心裁的戒枕就制作完成了。这样的戒枕不仅能在婚礼上备受瞩目，也可以作为室内装饰摆放在房间里，成为留存美好回忆的载体。

在婚礼会场上，装满了能够展现新婚夫妇个性的物品的箱子被
称为"迎宾箱"，它也饱含着新婚夫妇对到场宾客的诚挚欢迎。
将罐装点心和喜欢的花材装入带有复古感的皮箱里，用两个人
喜欢的物品装点婚礼会场。

迎宾牌是放在婚礼会场入口处用来迎接和指引宾客的，是新郎新娘向宾客们传达欢迎之情的重要工具。迎宾牌也可以由新婚夫妇亲自准备，图中的迎宾牌就是由新郎新娘制作的。等客人都到齐后，可以将迎宾牌移动到宴会厅的主桌旁，为会场增添亮点。这场婚礼中的另外一些物品，比如新娘头上的发饰、纸质的席位卡、餐桌上的桌号卡等，都是由新婚夫妇亲自准备的。

P APER ITEMS

婚礼请柬、席位卡
等婚礼纸品可以根
据婚礼的主题订
购。此外，还可以
加入能够体现新郎
新娘爱好的设计元
素，将两个人的个
性通过请柬等传达
给宾客们。

纸品／PIARY

席位卡和菜单等婚礼纸品不但可以为餐桌增添色彩，同时也能体现出新郎新
娘的品位。自然风格的婚礼推荐选用设计简单大方、手感略粗糙、类似牛皮纸
的纸张。古典风格的婚礼推荐使用设计高雅、表面光滑的纸张。关键是根据婚
礼的风格选择搭配纸品。

1

2

3

4

5 6

7

图1/这是一场 BOHO 主题婚礼，图中的卡片都是由新娘的姐姐亲手制作的。

图2/席位卡有黑色和白色两种，可以根据季节选用。

图3/灰色的餐巾个性十足，无论是搭配自然风格的婚礼，还是古典风格的婚礼，都很适合。

图4/为了在席位卡上插入薰衣草，新郎新娘亲手将每一张席位卡都仔细地用打孔器开了小孔。

图5/纸张上的花草图案和纸张的质感都非常适合自然风格的婚礼。

图6/纸张质感及设计风格都非常适合古典高雅的婚礼。图2、3、5、6中的席位卡都是定制的。

图7/用麻绳将印有英文字母并镶嵌着小金属装饰的标签系在餐巾上，显得更加时尚有格调。这也是由新郎新娘亲手制作的。

1 2

图1/婚礼宴会上经典的巧克力蛋糕。

图2/点缀着鲜花的蛋糕具有独一无二的美感,一般只有在婚宴上才会出现。蛋糕上的鲜花要选择无农药的才更安全。

图3/纯白的玫瑰蛋糕看着赏心悦目,令人不忍下口。

3

婚礼蛋糕原本的意义是大家一起分享幸福。不同国家和不同流行趋势影响下,蛋糕的种类和风格也呈现出多元化的趋势。比如鲜奶蛋糕、法国的焦糖奶油松饼、英国的翻糖蛋糕、起源于纽约的重芝士蛋糕,以及在重芝士蛋糕上浇上果酱的彩色重芝士蛋糕等,种类非常丰富,增加了选择蛋糕的乐趣。

And more...

② 餐后甜品

婚礼仪式后的小乐趣

婚礼是人生中最美好的回忆之一，

美味的甜点会使回忆变得更加甜蜜。

婚礼仪式后亲密的家人和朋友往往会继续小聚，

这时，甜品是必备的美食。

这些小甜品可以提前亲手制作，

既增加筹备婚礼的乐趣，也能让宾客感受到更多的心意。

SPICE

—— 香料 ——

香料种类繁多，有些气味复杂浓郁，有些气味清新怡人，在食材中稍微添加一点就能调制出完全不同的味道。大家可以边享用美食边猜测加入了哪些香料，这样一来，闲谈也让人觉得更加有趣了。

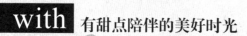

with 有甜点陪伴的美好时光

Sweets

烤苹果

家人送来了很多苹果。
圆圆的外形非常可爱。
烘烤可以增加苹果的甜度，连果皮也能一起食用。
一起享受美好的下午茶时光吧。

材料

苹果 ·····················1个
肉桂粉 ·········根据喜好调整用量
香草冰淇淋 ·················适量
蜂蜜 ·····················适量
黄油 ·····················适量
吐司 ·····················2片

制作方法

1 将洗干净的苹果纵向切成厚度为1～1.5cm的薄片。

2 将切好的苹果摆放在铺有锡箔纸的铁板上。

3 烤箱的温度设定为200℃，烤15分钟左右即可。

4 在烤苹果的同时，用烤面包机将吐司加热一下。

5 在烤好的吐司上涂抹黄油，然后放上烤苹果、肉桂粉和添加了蜂蜜的冰淇淋。

Recipe 食谱 2

水果干和干果面包

婚礼后，大家坐在一起聊聊婚礼上的美好瞬间。此时可以准备一些健康好吃的水果干和干果作为小零食。而且稍微花上一点功夫就可以用水果干和干果做出外形时尚的甜点。

材 料

面包（或咸饼干）················数片

水果干和干果（葡萄干、香蕉干、杏干、无花果干、杏仁等）··········适量

蜂蜜·····························2大勺

奶油芝士·······················适量

※ 此外，推荐加入一些用砂糖腌渍的橘皮和迷迭香。

制作方法

1　将面包烤一下。咸饼干也很好吃，如果使用咸饼干，从第2步开始制作。

2　将烤好的面包切片，涂抹奶油芝士、蜂蜜，并添加混合干果。

3　如果想做得更精致，推荐添加干燥的迷迭香，这样甜点的外观和口味都会更加完美。

Recipe 食谱3

可以媲美咖啡店的
自制法式吐司

将吐司煎制后添加猕猴桃、冰淇淋、果酱等，
能让普通的吐司和咖啡店中的一样美味。

材料

吐司（切成略厚的小片）............3片

鸡蛋...2个

砂糖......................................1大勺

牛奶.................................... 100ml

黄油.......................................适量

冰淇淋...................................适量

枫糖浆...................................适量

猕猴桃.....................................1个

蓝莓果酱...............................适量

鲜奶油...................................适量

制作方法

1 将鸡蛋、砂糖、牛奶放入大碗中，并搅拌均匀。

2 将吐司放入步骤1的碗中浸泡。

3 在平底锅内涂抹黄油，放入吐司将两面煎至金黄。

4 猕猴桃去皮，切成两半，将其中一半切成小块，另一半切成半圆片状。

5 将3片煎好的吐司叠放在一起，将猕猴桃、冰淇淋、枫糖浆、蓝莓果酱和鲜奶油撒在吐司上和餐盘中，制作完成。

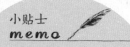

Recipe 食谱4

食用花卉

婚礼仪式后，亲密友人小聚，可以点亮蜡烛，在烛光中享受悠闲的美好时光。下面介绍的这款甜点非常适合在这时享用。

材料

华夫饼.............................2片

巧克力.............................1块

黄油.............................适量

水果干（香蕉干、葡萄干、无花果干等）.............................适量

鲜奶油.............................适量

食用花卉（万寿菊）...............2朵

※若自制华夫饼，配料为：蛋糕专用粉100g、鸡蛋1个、砂糖20g、黄油20g、牛奶50ml

制作方法

1 将黄油放入微波炉中加热融化。

2 将制作华夫饼的材料放入大碗中搅拌均匀备用。

3 先在华夫饼机上涂一层黄油，然后将步骤2中调好的液体倒入机器中烤制。

4 烤好后，在华夫饼表面再涂一层黄油，然后将鲜奶油、水果干、食用花卉、巧克力放在上面。食用花卉的花瓣稍微撕碎一些，便于食用。花茎的苦味很重，推荐只食用花瓣。

Recipe 食谱5

添加了大量水果的养颜茶

选用对身体有益的香草和水果等，制成美容养颜、有助
消化的健康排毒养颜茶来招待客人。

材料

[右页图中前面的玻璃罐]

柠檬、酸橙、迷迭香、猕猴桃……适量

[右页图中后侧的玻璃罐]

橙子、薄荷、加州梅、蓝莓………适量

矿泉水………………………适量

制作方法

1　水果无需削皮，仔细清洗干净即可。

2　将水果切成薄片。

3　把切好的水果放入水中。

4　每种水果所需浸泡时间略有不同，一
　般情况下浸泡2个小时以上就可以
　了。加入气泡水口感更佳。

3

婚礼花饰的
二次利用

婚礼上使用的花饰和配饰
也可作为婚房装饰品

花艺是婚礼会场不可缺少的装饰元
素,推荐使用易干燥的花材,或者
直接选用干花,婚礼结束后,可以
长久地保存下来。每当看到这些婚
礼上使用的花束、头饰等,都会让
人想起当时的美好时光。有了花朵
的装扮后,婚房也变得更加温馨了。

干花较为脆弱，极易损坏，推荐将其放入玻璃器皿中，既便于打理，又显得非常时尚。放置干花的容器可选择复古风格的瓶子或浪漫风格的玻璃盒等，容器不同营造出的气氛也会不同，可根据房间的装饰选择风格。

将以白色干花为主的花束放入篮子中，打造漂亮的花篮。

婚礼结束后，可以用婚礼上使用的花束来装点自己的新家。将这些花束带回家，两个人边喝咖啡边回想婚礼那天的美好时光，属于两个人的新生活开始了。

婚礼筹备
笔 记

两个人一起填写下面的卡片，慢慢地回忆属于两个人的幸福时光，

一起描绘出理想中的婚礼。

个人资料

首先回想一下两个人的共同爱好和经历。

● 喜欢的颜色

● 喜欢的东西

● 相同的爱好

● 相识的地方

● 两个人经常一起去的地方

● 喜欢的季节和月份

● 喜欢的书、电影、音乐

● 喜欢什么款式或风格的衣服

购物清单

需要什么？打算买什么？

手工制品

考虑一下哪些东西需要手工制作。

婚礼筹备笔记

剪下喜欢的杂志和广告宣传单，贴在下面吧！

CINEMA
WEDDING

Cheers!

希望看到更多人的笑脸，
希望创造更多的美好时光，
如果能够让大家开心，我也会很开心。

让Chocolat花艺工作室帮助你，
迈出新生活的第一步。

希望能帮助大家度过美好的每一天……

It was a happy time...

As also be happy forever...

◇后记

当年是抱着"试试看"的心情开办了Chocolat花艺工作室，因为大家对我们花艺作品的喜爱，使得Chocolat花艺工作室顺利发展。同样，也抱着"试试看"的心情开始写作本书，在写作中，虽然遇到了不少的困难，但得到了大家的很多建议和帮助，并最终完成了本书。

希望今后继续得到大家的鼓励和建议，让Chocolat花艺工作室迈向新的台阶，也能给大家带来更多欢笑。

◇特别感谢

Crescendo Produce

PRONOVIAS AOYAMA（Pronovias青山）

Bridal House TUTU（新娘之家TUTU）

FOUR SIS & CO.（株式会社四季）

anela （安奈拉）

小笠原重树（Kelham摄影）、BLAU（株式会社Blau形象设计）、株式会社PIARY、株式会社My Print、株式会社宏和商工、株式会社Pegasus candle、OTAGI、株式会社Anniverasary、山本正树（Lily Chic）、Dahlia（提供模特协助）、木村香（提供模特协助）

此外，对提供帮助的各位新郎新娘，以及提出很多宝贵建议的朋友，表示诚挚的谢意。

（以上排名不分先后）